Una vida diferente

Iranzu García Sola

Una vida diferente
Iranzu García Sola

Diseño de la cubierta: Equipo de diseño de Universo de Letras
Ilustraciones del interior e imagen de cubierta: © Jorge González Salvador

Obra publicada por el sello Universo de Letras
www.universodeletras.com

Primera edición: 2024

ISBN: 9788410003835
ISBN eBook: 9788410005778

Quiero dedicar este libro a toda mi familia que siempre me han apoyado desde el principio de mi enfermedad.

También, quiero dedicarlo a mis amigos y amigas que nunca me han abandonado y a ADEMBI (Asociación de Esclerosis Múltiple de Bizkaia).

Asimismo, de una manera muy especial, a mis compañeros y compañeras de enfermedad para que les sirva de ayuda y apoyo..

PRÓLOGO

Imaginarse cómo va a ser tu vida muchas veces no sirve para nada. La vida toma su propio rumbo y nadie puede hacer nada para dirigirla.

Buff... cuando miro atrás y veo cómo era mi vida cuando iba entre raíles sin sobresaltos, para nada podía imaginar lo que me iba a acontecer. Para explicarlo, me limitaré a hacer algo tan sencillo y tan difícil a la vez, como contar mi vida en poesías.

Una vez que me eligió mi compañera inseparable, la esclerosis, lo primero que tuve que aprender es a adaptar mis sueños, proyectos,... A mi nueva forma de vida.

LA VIDA POR ETAPAS

Quién dijo que la vida era pura rutina,
sin sobresaltos, monótona y aburrida.
Aburrida de sentirme siempre igual,
siempre bien.
Atrévete a montarte a un tobogán de sensaciones.
Aprenderás para qué sirve todo.
Valorando cada parte de tu cuerpo y admirando su potencial.

LLORAR, LLORAR Y TENER QUE AVANZAR

Tumbarte en la cama,
buscar explicaciones,
no encontrarlas,
y decidir continuar.
Intentando no pensar.
Solo continuar.
Rozando la normalidad,
pero poco a poco abandonándola.
Para no verla más.

ORGULLO Y ¿ESO QUÉ ES?

¿Qué es el orgullo?
Se desconoce.
Aprendes a desaprender.
Solo vale el tiempo pasado y aprovechado.
Vivir sin dañar.
¿Sirve para algo el resto?

PRIMEROS SÍNTOMAS

Mareo continuo,
flotar,
no vivir la realidad.
Estar sin estar.
¿Sabes contar?
Cambio de números.
¿Sabes hablar?
¿Oír?
¿Sentir?
Algo raro,
cosas tuyas,
ojos hinchados,
buscar un porqué.
No encontrar la respuesta.

SENSACIONES

Cuerda que no se ve, pero para ti real.
Aprieta.
Ahoga.
Aparece cada poco.
Estómago raro.
Se llena y se vacía.
Como en una noria.

CADA UNO A SU RITMO

Unos rápido, otros lento.
Siempre para adelante.
Nunca para atrás.
Hasta que ya nada vuelve,
solo avanza.
Te conviertes en mera observadora,
Ves cómo tu cuerpo deja de responder
¿Hasta cuándo?

AL PRINCIPIO TODO VUELVE

Todo igual,
un mal momento,
malos días.
La vida transcurre igual,
como una anécdota,
Algo que contar,
cosas raras que te ocurren,
hasta divertido.
Ojos cruzados,
pupilas desplazadas,
oír sin entender,
hablar sin ser comprendido,
andar borracha sin beber.
Todo divertido.
Vivir mucho en poco tiempo.

¿LA CULPA DE QUIÉN?

Echar la culpa sin motivo,
sin entender el porqué.
Solo para sobrevivir.
Sabiendo que la culpa no es de nadie,
Simplemente, te toco y no busques explicación.
No la hay.

CON RITMO

Unos antes, otros más lentos,
pero siempre para adelante.
Nunca para atrás,
hasta la progresiva,
donde solo avanza.

SENTIRSE INFERIOR

Sentir que faltan cosas.
No poder hacer lo soñado,
tener carencias,
dejar cosas por el camino,
y no encontrarlas más.

DEMASIADOS BROTES

Dedos que no se alinean,
cara dormida,
cara torcida,
teléfono descacharrado sin jugar.
Todo raro.
Acostumbrarse a lo normal,
ser diferente,
aunque normal.
Muy normal.

VER LA VIDA DE OTRA FORMA

La vida puede cambiar.
Buscar otras formas,
igual mejores.
Quien sabe.
No pensadas,
no soñadas,
Pero no peores.

UNA COMPAÑERA MAYOR

Mayor y peor,
confusión.
Mira hacia dentro.
A tu interior.
Algo no funciona.
Salir corriendo sin andar.
No contesta.
Ni oyes, ni hablas.
Quien peor.

SOY ASÍ

Algo especial,
muy distinto,
siempre especial,
único e irremediable.
Difícil de imaginar.
¿Puede pasar?
Sin conocimiento.

PROMESAS INCUMPLIDAS

Todos ven cercana la cura,
la verdad no se ve,
falsas promesas,
queriendo ayudar,
todos parecen saber,
aunque la verdad es que ni se ve.

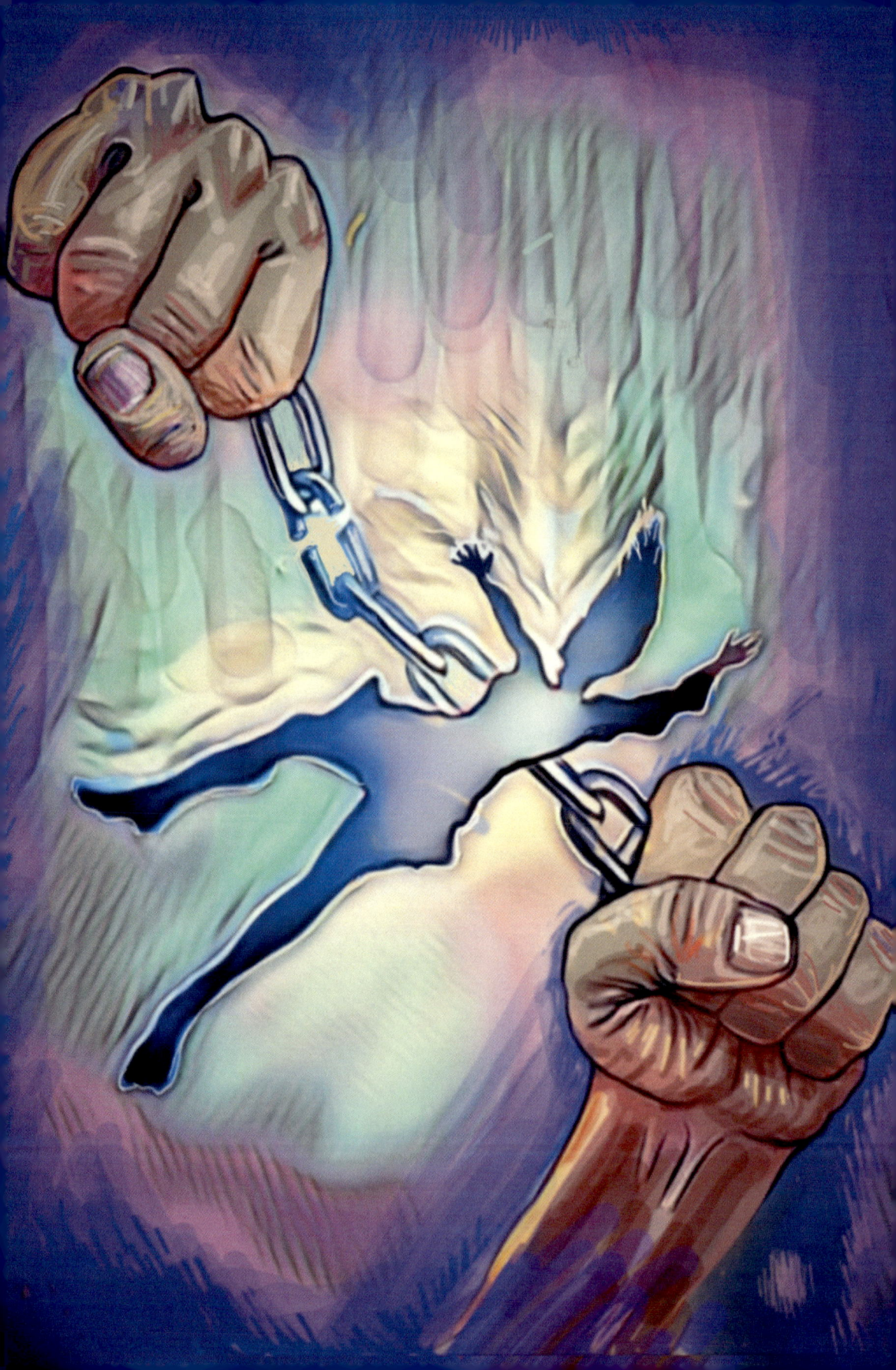

PEGAR UN VOLANTAZO

Olvidar lo aprendido,
entender todo lo pasado,
cambiar de forma de vida,
todo lo bien hecho en el pasado,
solo hay que sobrevivir.

AL PRINCIPIO VER
LA VIDA FÁCIL

Lo normal era acumular conocimientos,
para ser más sabios cada día,
hasta el final camino.
¿Será lo acertado o solo hay que caminar sin salirse del camino?
A veces lo fácil es un imposible como lograrlo.

HACER DIFÍCIL LO FÁCIL

¡Qué extraño!
Cómo hacerlo sin pensar,
jugar sin querer,
será realmente juego,
engañar lo real.
¿Te engañas a ti o a los demás?
Tomarte la vida como viene,
aprendiendo a aceptar

APRENDER A OLVIDAR

Adaptarse a lo nuevo,
pensar en el pasado.
El color de las hojas, los caminos, los montes.
Recordar las risas y los buenos momentos.
Todo lo que no volverá.

¿NOSTALGIA DE QUÉ?

Felicidad, sólo felicidad.
¿Pena de qué?
Todo mejora.
Nunca pasara lo malo.
Todos aprenden para mejorar.
Muchas esperanzas.
Por fin la ansiada normalidad.
Todo parece imposible, pero no lo es.

AYUDAS TÉCNICAS

¿Y qué son?
Bastones, muletas, sillas de ruedas, grúas,...
Cuantas amigas inseparables.
Manejar subvenciones, ayudas y no llegar.
Lo necesario para normalizar la vida.
Agradecer las ayudas.
No entender los precios.
Una dificultad que se suma.

AGRADECIMIENTOS

A todos los que me han ayudado –familia, amigos, asociación, médicos, científicos,...- en mi recorrido vital.

También, quiero agradecer especialmente a Matilde, Fernando y Jorge que me han ayudado mucho en mis obras literarias.

Índice